W0236840

Als 1845 der Frankfurter Arzt Dr. Heinrich Hoffmann »Die gar traurige Geschichte mit dem Feuerzeug« zu Papier brachte und damit die heute klassische Struwwelpeter-Figur des brennenden Paulinchens kreierte, das sein leichtfertiges Hantieren mit Zündhölzern mit dem Leben bezahlt, schöpfte er keineswegs nur aus der Phantasie. Es ist die Zeit, da in Deutschland das Phosphor-Reibholz aufkommt und mit ihm ein neuer Typ von Brandunfällen, bei denen Ärzte wie er Erste Hilfe zu leisten haben. Und auch der Name des Kindes, an dem Hoffmann seine in Reime und kolorierte Handzeichnungen gefaßte Warnung festmacht, ist nicht aus der Luft gegriffen: Paulinchen ist die Tochter eines seiner besten Freunde, und sie hat bis heute auf dem Frankfurter Hauptfriedhof ihr Grab. Spurensucher Dietmar Grieser ist dieser aufregenden Entstehungsgeschichte einer der nach wie vor populärsten Kinderbuchfiguren in all ihren Details nachgegangen, hat Realität von Legende gesondert und Paulinchens weiteres Fortleben in Medien, Souvenirbetrieb und Justiz verfolgt. Und ganz nebenher erfahren wir, daß auch Paulinchens »Kollege« Zappel-Philipp ein leibhaftiges Urbild gehabt hat.

insel taschenbuch 1428
Dietmar Grieser
Paulinchen war allein zu Haus

Dietmar Grieser

Paulinchen war allein zu Haus

Auf den Spuren von
Heinrich Hoffmanns
gar trauriger Geschichte
mit dem Feuerzeug
Mit zahlreichen
Abbildungen

Insel Verlag

insel taschenbuch 1428
Erste Auflage 1992
Erstausgabe
© Insel Verlag Frankfurt am Main und Leipzig 1992
Alle Rechte vorbehalten
Vertrieb durch den Suhrkamp Taschenbuch Verlag
Umschlag nach Entwürfen von Willy Fleckhaus
Satz: LibroSatz, Kriftel
Druck: Nomos Verlagsgesellschaft, Baden-Baden
Printed in Germany

1 2 3 4 5 6 – 97 96 95 94 93 92

Inhalt

Das Phosphorzündholz 9
Aus der ärztlichen Trickkiste 21
Für den Hausgebrauch 27
Zurück in die Heimat 34
Kronzeuge Zappel-Philipp 38
Paulinchen hat gelebt 45
Ein Thema der Zeit 55
Verboten! Verboten! 61
Eine hartnäckige Legende 64
Fahrlässige Tötung durch Unterlassen 73
Literatur 81
Bildnachweis 83

Das Phosphorzündholz

Das Revolutionsjahr 1848 beschert Europa auch eine technische Neuerung, die Geschichte machen und wie keine zweite um diese Zeit in das Leben der Menschen – ob jung oder alt, ob arm oder reich – eingreifen wird: Der aus Aschersleben in Sachsen-Anhalt stammende und nun seit siebzehn Jahren dem Lehrkörper des Physikalischen Vereins zu Frankfurt am Main angehörende Chemiker Rudolf Christian Böttger erfindet das Phosphorzündholz. All die vielen – in Deutschland wie in Österreich, in Frankreich wie in England – vorangegangenen Versuche, der geplagten Hausfrau die tägliche Mühsal der Bereitung des Herdfeuers zu erleichtern und zugleich die damit verbundenen Gefahren einzudämmen, sind mit einem Schlag übertrumpft: Das Schwedenholz (so genannt, weil im wald- und holzreichen Skandinavien die industrielle Fertigung des segensreichen Behelfs ihre erste Blüte erlebt) tritt seinen Siegeszug um die Welt an.

Der Mensch der Urzeit kennt nur das »natürliche«, das durch Blitzschlag unabsichtlich ge-

Frühe Zündholzschachteln aus den Beständen des Technischen Museums, Wien

zündete Feuer: Er muß lernen, sich das kostbare Element durch permanente Pflege von Feuerstellen zu erhalten. Erst um 12 000 vor Christus macht man die Entdeckung, daß es möglich ist, durch das Aneinanderschlagen von Feuersteinen und eisenhaltigen Mineralien Funken zu erzeugen und mit deren Hilfe trockenes Gras oder dürres Laub zu entzünden.

Die Zunderbüchse des Mittelalters ist der nächste Schritt. Doch erst mit dem Aufkommen der systematisch-experimentellen Chemie an der Schwelle des 18. zum 19. Jahrhundert setzen jene Versuche ein, an deren Ende die Massenproduktion des bequem und ortsunabhängig zu handhabenden Zündholzes steht.

Die Entwicklung verläuft in zwei Phasen: Dem Reib- oder Streichhölzchen, wie es bis heute in Gebrauch ist, geht das Tauch- oder Tunkhölzchen voraus. 1805 kommt es in Frankreich auf: Mit einem Gemisch aus Schwefel, chlorsaurem Kali und Gummi überzogene Holzstäbchen werden in konzentrierte Schwefelsäure getaucht. Hochwirksam zwar, aber doch immer noch recht umständlich. Die nächste Erfindergeneration wird also alles daransetzen, das Fläschchen mit dem schwefelsäuregetränkten

Asbest durch eine ebenso leicht zündliche *Trokken*masse zu ersetzen.

Sand- und Glaspapierstreifen, zwischen denen man das Zündhölzchen unter leichter Druckausübung hindurchzieht, bilden den Übergang von der mechanischen zur chemischen Variante, die nunmehr auch die Reibfläche mit entzündlicher Substanz versieht: Phosphor, Schwefelantimon, Mennige, Braunstein und Salpeter. Jetzt geht es nur noch darum, Herstellung und Gebrauch des neuen Werkzeugs von ihrer hohen Gefährlichkeit zu befreien. Explosionen in den Reibholzmanufakturen sind an der Tagesordnung, Selbstentzündung während des Transports und häufiges Abspringen der Zündholzköpfe beim Gebrauch haben in etlichen Ländern ein generelles Verbot der noch unausgereiften Novität zur Folge. Mit Böttgers Idee, den hochgiftigen gelben Phosphor durch den im Jahr zuvor entdeckten roten zu ersetzen, ist man dem Sicherheitszündholz um einen entscheidenden Schritt näher, und bald kann auch in nächster Nachbarschaft des Frankfurter Labors die Massenfertigung des Produkts voll einsetzen: Darmstadt, Aschbach und Pfungstadt werden die Zentren der Reibholzfabrikation im Großherzogtum Hessen.

Vorbei die Zeit, da der Arbeiter noch jedes der Hölzchen Stück für Stück händisch in die Zündmasse tunken und zum Trocknen in mit losem Sand gefüllte Schalen stecken oder an Schnüren aufhängen muß: Hobel- und Einlegemaschine, Trockenkammer und Spanschachtel machen es möglich, daß die unwirtschaftliche Heimarbeit durch das hocheffiziente Akkordsystem abgelöst wird.

Ein Problem aber bleibt: Gelingt es auf der *Hersteller*seite, die Zahl der Betriebsunfälle durch kontinuierliche Verfeinerung der Arbeitsmethoden einzudämmen, so häufen sich auf der *Verbraucher*seite die durch unvorsichtiges Hantieren mit dem Reibholz ausgelösten Unglücksfälle – und sie tun dies insbesondere dort, wo das neuartig-modische Werkzeug in die Hände vorwitziger Kinder gerät.

Ohnedies ist Brandgefahr eine der Geißeln der Zeit. Auch in einer Stadt wie Frankfurt sind um die Mitte des 19. Jahrhunderts noch viele Häuser aus Holz gebaut; in den ihnen attachierten Kleinviehställen für Kaninchen und Ziegen ist leicht entzündliches Material wie Heu und Häcksel gelagert; die allgemeinen Löscheinrichtungen sind unzulänglich.

Die

Zündwaaren-Fabrikation

in ihrer

gegenwärtigen Ausbildung.

Mit Berücksichtigung

der

wichtigsten Maschinen zum Hobeln der Hölzer, zum Einlegen und Ausnehmen, zur Spanschachtel- und Salonbüchsen-Fabrikation

und der

Recepte zum Zusammensetzen der Zündwaaren.

Von

Wladimir Jettel,
Werkführer in Clausthal am Harz.

Mit in den Text eingedruckten Holzstichen.

Braunschweig,
Druck und Verlag von Friedrich Vieweg und Sohn.
1871.

Das Standardwerk zur Zündholzfabrikation in Deutschland aus dem Jahre 1871

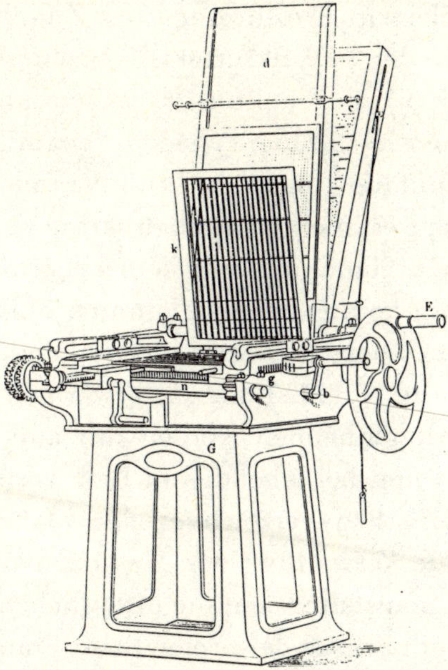

Die Einlegemaschine zur Herstellung von Zündhölzern mußte von zwei Arbeitern bedient werden

Noch vor Einführung des Zündhölzchens meldet der »Frankfurter Beobachter« in der Rubrik »Von Frankfurter Sachen und Tagesereignissen« immer wieder Schauriges über Brandunfälle. Einmal ist es die Strohdecke eines Treibhauses in einer Handelsgärtnerei nahe der Eisernen Hand, die, mit dem Feuerloch in Berührung kommend, in Flammen aufgeht, einmal ein Dienstmädchen auf der Zeil, das, um ihre kalte Wohnkammer zu erwärmen, ein Bekken mit glühenden Kohlen mit aufs Zimmer nimmt und bei lebendigem Leib verbrennt.

Noch 1859 verzeichnet der »Jahresbericht über die Verwaltung des Medicinalwesens, die Krankenanstalten und die öffentlichen Gesundheitsverhältnisse der Freien Stadt Frankfurt« in seiner »Übersicht nach den Todesursachen und dem erreichten Lebensalter« bei den Fünf- bis Fünfzehnjährigen zahlreiche Fälle von Verbrennung mit letalem Ausgang. Nur Typhus, Scharlach, Hirnhautentzündung und Schwindsucht halten noch reichere Ernte. Der Arzt und spätere Begründer der Frankfurter Irrenanstalt »Auf dem Affensteiner Feld«, Dr. Heinrich Hoffmann (der 1845 »Die gar traurige Geschichte mit dem Feuerzeug« zu Papier bringen wird),

Von Frankfurter Sachen und Tagesereignissen.

⁂ Am Abend des 1. d. Mts. hatte ein Dienstmädchen auf der Zeil die Unvorsichtigkeit in ihre Kammer ein Becken mit glühenden Kohlen mit zu nehmen, um dabei zu arbeiten. Als ihre Herrschaft am andern Morgen vergebens das Mädchen erwartete und ihr schellte, so drang man in ihre Kammer und fand sie dem Erstickungstode nahe. Sie wurde gleich ins Hospital zum heil. Geist gebracht, war aber am Abend des 2. d. noch nicht außer Lebensgefahr. Eine neue Warnung, glühende Kohlen nicht als Erwärmungsmittel in einem hermetisch geschlossenen Zimmer zu gebrauchen.

Brandunfälle waren im vergangenen Jahrhundert an der Tagesordnung, wie die Rubrik von »Frankfurter Sachen und Tagesereignissen« aus dem »Frankfurter Beobachter« vom Dezember 1846 zeigt

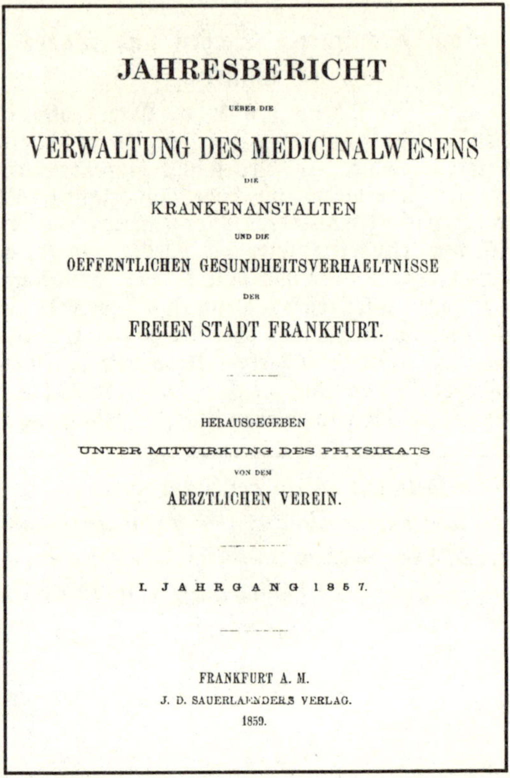

JAHRESBERICHT

UEBER DIE

VERWALTUNG DES MEDICINALWESENS

DIE

KRANKENANSTALTEN

UND DIE

OEFFENTLICHEN GESUNDHEITSVERHAELTNISSE

DER

FREIEN STADT FRANKFURT.

HERAUSGEGEBEN

UNTER MITWIRKUNG DES PHYSIKATS

VON DEM

AERZTLICHEN VEREIN.

I. JAHRGANG 1857.

FRANKFURT A. M.

J. D. SAUERLAENDERS VERLAG.

1859.

Verbrennungen standen 1859 in Frankfurt am Main an fünfter Stelle der Todesursachen bei Fünf- bis Fünfzehnjährigen

Dr. Heinrich Hoffmann (1809-1894)

berichtet in seinen Lebenserinnerungen, wie er als Kleinkind selber vom naiv-unbekümmerten Umgang mit dem Feuer schweren Schaden davongetragen habe:

»Ich hatte kaum erst laufen gelernt, da tappte ich auf den glühenden Ofen zu und faßte ihn mit beiden Händen gutmütig an und verbrannte mich derart jämmerlich, daß die schmorende Haut an der Glutfläche hängenblieb. Noch bis zur Stunde kann ich die Spur dieser Marter in der rechten Handfläche zeigen.«

Aus der ärztlichen Trickkiste

Fünfundzwanzig Jahre später, als Dr. Heinrich Hoffmann – zuerst als praktischer Arzt und Geburtshelfer im Vorort Sachsenhausen, kurz darauf auch als Armenarzt in Bornheim – Mitmenschen in gesundheitlicher Not beizustehen beginnt, gehört die Behandlung von Brandwunden zu seiner Alltagspraxis. Wenn er bei Wind und Wetter teils zu Fuß, teils hoch zu Roß seinen Rayon durchstreift, um Nachschau zu halten, wo man seiner Dienste bedarf, sind es mit Sicherheit auch so manche Fälle von Feueralarm, bei denen er einzuschreiten und Erste Hilfe zu leisten hat. Seitdem auch in Frankfurt und Umgebung die ersten Zündhölzchen auf dem Markt sind – einerseits stolzes Emanzipationssymbol der Hausfrau, die nunmehr der Last enthoben ist, unausgesetzt das Herdfeuer zu überwachen, andererseits Risikofaktor ersten Ranges in der Hand neugierig-abenteuerlustiger Halbwüchsiger –, nimmt die Zahl von Brandunfällen dramatisch zu.

Hier, in dieser seiner praktischen Erfahrung als Arzt, findet Hoffmann den Impuls für die

Geschichte vom brennenden Paulinchen, das seine Leichtfertigkeit beim Hantieren mit Zündhölzern mit dem Leben bezahlt. So und nicht anders ist auch die Bemerkung in seiner Autobiographie zu verstehen, mit der er die Frage nach einem eventuellen Realitätsgehalt seiner Kinderreime beantwortet: »So ganz aus der Luft gegriffen waren übrigens die Geschichten doch nicht; die eine oder andere war doch auf praktischem Boden gewachsen.«

Und aus seinem Umgang mit halbwüchsigen Patienten weiß Hoffmann auch sehr genau, in welche Form er seine Warnungen zu kleiden hat, damit sie Wirkung tun:

»Das Kind lernt einfach nur durch das Auge, und nur das, was es sieht, begreift es. Mit moralischen Vorschriften zumal weiß es gar nichts anzufangen. Die Mahnung ›Sei reinlich! Sei vorsichtig mit dem Feuerzeug und laß es liegen! Sei folgsam!‹ – das alles sind leere Worte für das Kind. Aber das Abbild des Schmutzfinken, des brennenden Kleides, des verunglückenden Unvorsichtigen, das Anschauen allein erklärt sich selbst und belehrt. Nicht umsonst sagt das Sprichwort: ›Gebrannter Finger scheut das Feuer.‹«

Mögliche Vorläuferin des »Paulinchens«:
Die brennende Lily aus dem 1820 in London
erschienenen Kinderbuch »The Lily«
von Turner

Doch nicht nur als Warnung vor drohendem Unheil verfaßt Dr. Hoffmann seine Bildergeschichten für Kinder; auch als Ablenkung seiner halbwüchsigen Patienten während deren Behandlung leisten sie ihm vorzügliche Dienste:

»Als Arzt bin ich oft einem störenden Hindernis bei der Behandlung kranker kleiner Kinder begegnet. Der Doktor und der Schornsteinfeger sind Müttern und Pflegerinnen zwei Popanze, um unfolgsame Sprößlinge zu schrekken und zu bändigen. ›Wenn du zu viel ißt, kommt der Doktor und gibt dir bittere Arznei oder setzt dir Blutegel an!‹ Oder: ›Wenn du unartig bist, kommt der schwarze Schlotfeger und nimmt dich mit!‹ Was folgt dann? Sowie der Doktor an das Bett des kleinen Patienten tritt, weint, brüllt, schreit dieser mörderisch. Wie soll man da die Temperatur prüfen, wie den Puls fühlen, wie den Leib betasten? Stundenlang dasitzen und abwarten, bis der Tumult sich gelegt hat und der Ermüdung gewichen ist, kann man auch nicht.«

*

Der clevere Doktor Hoffmann weiß einen Ausweg:

»Da nahm ich rasch das Notizbuch aus der Tasche, ein Blatt wird herausgerissen, ein kleiner Bub mit dem Bleistift schnell hingezeichnet und nun erzählt, wie sich der Schlingel nicht die Haare, nicht die Nägel schneiden läßt; die Haare wachsen, die Nägel werden länger, aber immer läßt er sich dieselben nicht schneiden, und immer länger zeichne ich Haare und Nägel, bis zuletzt von der ganzen Figur nichts mehr zu sehen ist als Haarsträhne und Nägelklauen. Das frappiert den kleinen Desperaten derart, daß er schweigt, hinschaut, und mittlerweile weiß ich, wie es mit dem Pulse steht, wie seine Temperatur sich verhält, ob der Leib oder die Atmung schmerzhaft ist – und der Zweck ist erreicht.«

Wir wissen nicht, ob Dr. Hoffmann auch die Geschichte vom brennenden Paulinchen – etwa für die kleinen Mädchen unter seinen Patienten – in seiner Trickkiste hat. Fest steht nur: Er schreibt und zeichnet sie vor dem hochaktuellen Hintergrund der rasanten Verbreitung des Zündholzes und der damit einhergehenden dramatischen Zunahme von Brandkatastrophen. Und er tut es nicht aus Panikmache oder Einschüchterung (oder gar aus Sadismus, wie ihm später manche Kritiker unterstellen, die den

Fehler machen, nicht aus der Zeit heraus zu urteilen), sondern aus der gleichen humanen Einstellung, die ihn in späteren Jahren zu einem Pionier der Psychiatrie machen und in dem Entschluß bestärken wird, samt seiner Familie im städtischen Irrenhaus Wohnsitz zu nehmen, um zu jeder Tages- und Nachtzeit seinen Patienten nahe zu sein.

So wie jedes menschliche Verhalten ist selbstverständlich auch das Schaffen des Künstlers immer aus seiner Zeit zu beurteilen statt aus der des Betrachters, und für die Zeit des Dr. Hoffmann gilt: Autorität wird drastisch, Erziehung wird repressiv ausgeübt. In den Kindheitserinnerungen eines Frankfurter Generationsgenossen des »Struwwelpeter«-Autors lesen wir über die Domestizierungsmethoden um 1840 am Beispiel eines besonders ungebärdigen Knaben:

»Er wurde von seiner Mutter zuweilen dadurch gebändigt, daß sie ihn mitten in der guten Stube auf einen Stuhl setzte, ihn auf demselben festband, daß er sich nicht rühren konnte, und ihn so mehrere Stunden sitzen ließ . . .«

Für den Hausgebrauch

Dezember 1844. Dr. med. Heinrich Hoffmann, fünfunddreißig Jahre alt, praktischer Arzt zu Frankfurt am Main, neuerdings auch Lehrer für Anatomie am Senckenbergischen Naturforschenden Institut, außerdem Verwaltungsrat am Städelschen Kunstinstitut und Gründungsmitglied des Geselligkeitsvereins »Tutti Frutti«, dem neben Gelehrten auch Schriftsteller und Maler angehören, ist seit vier Jahren verheiratet: Therese Donner ist die Tochter eines angesehenen Frankfurter Handelsherrn.

In einem der neuen Häuser am Main-Quai bewohnen die Hoffmanns den zweiten und den dritten Stock: sieben Stuben nebst Küche. Carl Philipp, ihrer beider erstes Kind, steht im vierten Lebensjahr. Am 11. Dezember bringt Frau Therese einen weiteren Sprößling zur Welt: Antonie Caroline. Unterdessen rückt das Weihnachtsfest näher, Vater Hoffmann hält nach einem passenden Geschenk für seinen Erstgeborenen Ausschau. Ein Bilderbuch soll es sein, »wie es für einen solchen kleinen Weltbürger sich schicken« mag. Doch was man dem Dr. Hoffmann in den Buchläden auch vorlegt: Nichts davon sagt ihm zu. Und so schreitet er kurzerhand selber zur Tat:

»Endlich kam ich heim und brachte ein Heft mit, welches ich meiner Frau mit den Worten überreichte: ›Hier habe ich, was wir brauchen.‹ Verwundert öffnete sie die Blätter und sagte: ›Das ist ja ein leeres Schreibheft!‹ Worauf sie die Antwort erhielt: ›Jawohl, aber da will ich dem Jungen schon selbst ein Bilderbuch herstellen!‹ Ich machte mich nun in freien Stunden ohne viel Vorbereitungen ans Werk, hatte aber leider nicht bedacht, daß die Arbeit viel Zeit und Mühe erforderte, und mehrmals verwünschte ich es, die Geschichte angefangen zu haben. Ich hatte zu den Versen und den Zeichnungen dieselbe Feder und dieselbe gewöhnliche Tinte benutzt; als ich nun an das Kolorieren ging, flossen die Konturen in die Farben. Nun, was tat es! Es mußte fortgefahren werden! Damals hielt ich fest an dem Grundsatz: Begonnenes muß fertig werden! Ich hatte schon öfters im Leben unangenehme Folgen des Gegenteils an mir selbst erlebt. Die Bilder zeichnete ich leicht in flüchtiger Weise, und die kindlichen Verse fügten sich folgsam in kecken Reimen einer an den anderen, und so ward das Ganze fertig.«

Und woraus bestand dieses Ganze?

Es stehn in diesem Büchlein hier
Sechs Märlein mit schöner Bilderzier.
Vom bitterbösen Friederich
Und wie er zum durstigen Hunde schlich,
Vom kohlpechschwarzen Mohren dann,
Vom wilden Sonntagsjägermann,
Wie ihn der kleine Has bezwang,
Daß er in einen Brunnen sprang,
Dann, wie's dem Suppen-Kaspar ging,
Wie den Daumenlutscher der Schneider fing,
Und endlich auf dem letzten Bild
Vom Struwwel-Peter, wüst und wild.

Zwei der Episoden, die ebenfalls zum klassischen »Struwwelpeter« gehören, wie wir ihn heute kennen, fehlen in der Urfassung noch: »Die Geschichte von dem Zappel-Philipp« und »Die gar traurige Geschichte mit dem Feuerzeug«. Sie tauchen erst in der zweiten Fassung auf – und sind eine direkte Konsequenz des Erfolgs der ersten. Denn nicht nur Sohn Carl Philipp, dem das Manuskript als Weihnachtsgeschenk zugedacht ist, hat an den sechzehn Schulheftseiten seine helle Freude, sondern auch die weitere Verwandtschaft, die das Wunderwerk einige Tage später, als man zur Taufe der kleinen Antonie versammelt ist, zu Gesicht bekommt. »Das mußt du drucken lassen; das darf der Junge nicht, wie zu erwarten ist, in ein paar Tagen zerreißen.«

Genauso geschieht es: Der Frankfurter Buchhändler Dr. Lœning, der gerade mit seinem Freund Joseph Rütten eine »Literarische Anstalt« gegründet hat, bringt noch 1845 den Ur-Struwwelpeter als Buch heraus. 15 »colorierte Tafeln«, 1500 Exemplare, 59 Kreuzer. Sie sind im Nu verkauft, und so folgt noch im Jahr darauf die zweite Auflage. Vermehrt um die Geschichten vom Zappel-Philipp und vom brennenden Paulinchen.

Es wäre eine eigene Untersuchung wert, mit wie vielen anderen weltberühmten Kinderbüchern der »Struwwelpeter« den Ursprung aus einem rein für den Hausgebrauch bestimmten Schenkungsakt teilt. Der Oxforder Mathemathikprofessor Charles Lutwidge Dodgson alias Lewis Carroll verfaßt »Alice in Wonderland« als Weihnachtsgeschenk für Alice Liddell, die Toch-

Der Insel-Nachdruck des 1845 erschienenen »Struwwelpeter« von Heinrich Hoffmann

ter seines Vorgesetzten, des Dekans von Christ Church College; der englische Kavallerieleutnant Hugh Lofting, tief erschüttert vom Elend der verwundeten Militärpferde bei der Schlacht von Ypern (1917), erfindet für die Feldpostbriefe, die er seinen beiden Kindern von der Front schreibt, die Menagerie des »Doctor Dolittle«; T. S. Eliot's »Old Possum's Book of Practical Cats«, das Jahrzehnte später Anstoß und Grundlage für das Libretto von Andrew Lloyd Webber's Musical »Cats« bilden wird, geht aus einer alltäglichen Korrespondenz hervor, die der Dichter in den dreißiger Jahren mit seinen Patenkindern führt, als ihn diese, soeben in den Besitz ihrer ersten Katze gelangt, um Ratschläge für den Umgang mit dem neuen Hausgenossen bitten; »Pippi Langstrumpf« ist das Produkt einer Fieberphantasie der mit Lungenentzündung ans Krankenbett gefesselten siebenjährigen Karin Lindgren, das deren Mutter als Geburtstagsgeschenk für ihre mittlerweile genesene Tochter zu Papier bringt; und selbst Engelbert Humperdincks »Hänsel und Gretel« ist zunächst einmal, bevor es als erste Kinderoper die Bühnen der Welt erobert, den eigenen Sprößlingen des Komponisten zugedacht. Hier schließt sich übrigens – und sei es noch so zufällig – der Kreis: Humperdinck bewohnt zwischen 1894 und 1897 dasselbe Haus am Frankfurter Grüneburgweg, in dem unmittelbar davor »Struwwelpeter«-Autor Heinrich Hoffmann seinen Lebensabend zugebracht hat.

Zurück in die Heimat

Die Urfassung der »Gar traurigen Geschichte mit dem Feuerzeug« gilt heute als verschollen. Wer das Paulinchen von des Autors Hand brennen sehen will, ist also auf das Zweitmanuskript, die allen neueren Buchausgaben zugrundeliegende »endgültige Fassung« aus dem Jahr 1858, angewiesen. Bis 1928 befand sich diese Handschrift im Archiv des Hauses Rütten & Loening, des Originalverlags des »Struwwelpeters«. Dann ging sie in den Besitz des Frankfurter Bankiers Ernst Wertheimber über, dessen Familie den kostbaren Schatz im Zuge der Emigration vor dem NS-Regime in Amerika in Sicherheit bringen konnte. Von dort kehrten die 23 Blätter Anno 1953 über Initiative des Antiquars Wilhelm Henrich (Kaufpreis DM 41 000,–) in ihre Heimat zurück und zählen seither zu den bestgehüteten Tresorstücken der Handschriftensammlung der Stadt- und Universitätsbibliothek Frankfurt am Main.

Die zwei Paulinchen-Blätter stehen innerhalb des Gesamtmanuskripts an dritter Stelle: zwischen dem »Bösen Friederich« und den

»Schwarzen Buben«, sind in Federstrich wie Kolorierung von verblüffender Frische und auch sonst, von minimalen Randbeschädigungen abgesehen, wohlerhalten. Die Namen der »handelnden Personen«, also des Paulinchens und der Katzen Minz und Maunz, sind zwecks Hervorhebung unterstrichen; auch die mit Bleistift hauchdünn vorgezeichneten Linien und Rahmenbegrenzungen sind deutlich wahrzunehmen. Alles in allem also ein Manuskript, das dem Betrachter bei einiger Phantasie durchaus auch Anflüge von »Werkstattatmosphäre« vermittelt.

Folgende Doppelseite: Die gar traurige Geschichte mit dem Feuerzeug

III. Die gar traurige Geschichte mit dem Feuerzeug.

Paulinchen war allein zu Haus,
die Eltern waren beide aus.
Als sie nun durch das Zimmer sprang
mit leichtem Mut und Sing und Sang,
da sah sie plötzlich vor sich stehn
ein Feuerzeug, nett anzusehn.
„Ei", sprach sie, „ei, wie schön und fein!
Das muß ein trefflich Spielzeug sein.
Ich zünde mir ein Hölzchen an,
wie's oft die Mutter hat getan."

Und Minz und Maunz, die Katzen,
erheben ihre Tatzen.
Sie drohen mit den Pfoten:
„Der Vater hat's verboten!
Miau! Mio! Miau! Mio!
Laß stehn, sonst brennst du lichterloh!"

Paulinchen hört die Katzen nicht.
Das Hölzchen brennt gar hell und licht,
das flackert lustig, knistert laut,
grad wie ihr's auf dem Bilde schaut.
Paulinchen aber freut sich sehr
und sprang im Zimmer hin und her.

Doch Minz und Maunz, die Katzen,
erheben ihre Tatzen.
Sie drohen mit den Pfoten:
„Die Mutter hat's verboten!
Miau! Mio! Miau! Mio!
Wirf's weg, sonst brennst du lichterloh!"

Doch weh, die Flamme faßt das Kleid,
die Schürze brennt, es leuchtet weit!
Es brennt die Hand, es brennt das Haar,
es brennt das ganze Kind sogar.

Und Minz und Maunz, die schreien
gar jämmerlich zu zweien:
„Herbei, herbei! Wer hilft geschwind?
In Feuer steht das ganze Kind!
Miau! Mio! Miau! Mio!
Zu Hilf! Das Kind brennt lichterloh!"

Verbrannt ist alles ganz und gar,
das arme Kind mit Haut und Haar;
ein Häuflein Asche blieb allein
und beide Schuh, so hübsch und fein.

Und Minz und Maunz, die kleinen,
die sitzen da und weinen:
„Miau! Mio! Miau! Mio!
Wo sind die armen Eltern, wo?"
Und ihre Tränen fließen
wie's Bächlein auf den Wiesen.

Kronzeuge Zappel-Philipp

Aus dem in vielen Jahrzehnten angehäuften und immer noch weiterwuchernden Gespinst aus Lokalhistorie und Legende läßt sich heute kaum mehr eruieren, wann zum erstenmal das Gerücht aufkommt, das brennende Paulinchen aus dem »Struwwelpeter« sei kein reines Phantasieprodukt seines Schöpfers Heinrich Hoffmann, sondern habe leibhaftig gelebt. Vielleicht ist es das Beispiel eines anderen »Struwwelpeter«-Urbildes, welches sich als solches zu erkennen gibt, was die Familie des vermeintlichen Original-Paulinchens hellhörig macht und dazu veranlaßt, mit der stolzen Entdeckung an die Öffentlichkeit zu gehen, auch einer der ihren sei die Ehre literarischer Verewigung widerfahren.

Jener erste, der mit seinem »Ich bin's!« die allgemeine Aufmerksamkeit auf sich lenkt, ist der Frankfurter Arzt Philipp Julius Fabricius. 1839 in Frankfurt geboren, studiert er in Heidelberg und Berlin Medizin, promoviert mit zweiundzwanzig und läßt sich noch im selben Jahr in seiner Vaterstadt als Doktor der Heilkun-

Philipp Julius von Fabricius,
Das Urbild des »Zappel-Philipp«

de nieder. Als ein Aufruf an die Bevölkerung ergeht, für ein geplantes Heinrich-Hoffmann-Denkmal zu spenden (Dr. Fabricius ist mittlerweile schon ein alter Herr), leistet auch er seinen Beitrag. Und er tut noch ein weiteres: Gleichermaßen geschmeichelt wie amüsiert, gibt Dr. Philipp Fabricius unter Hinweis auf die elterliche Familienüberlieferung zu verstehen, daß er es gewesen sei, der der »Struwwelpeter«-Figur des »Zappel-Philipps« ihren Namen gegeben habe.

Das »Beweisverfahren« ist ebenso simpel wie überzeugend: Sein Vater, der renommierte Frankfurter Chirurg Friedrich Wilhelm Fabricius, gehört in jungen Jahren demselben Ärztekonsilium wie der gleichaltrige Heinrich Hoffmann an. Hoffmann, Fabricius und vier weitere Jungmediziner von humanitärer Gesinnung haben sich zusammengetan, um auf dem Gelände der Städtischen Irrenanstalt in der Meisengasse eine Armenklinik zu gründen, in der sie abwechselnd – und zwar immer mittwochs und samstags von 11 bis 13 Uhr – den poliklinischen Dienst versehen. Außerdem übernimmt jeder von ihnen ein Dorf in der näheren Umgebung Frankfurts »zum persönlichen Besuch«: ein Armenarztsystem aus eigener Initiative, finanziert aus den mildtätigen Spenden wohlhabender Bürger.

Auch privat pflegen die sechs Jungärzte, alle um die dreißig, freundschaftlichen Umgang miteinander. Aus ihrem »medizinischen Kränzchen« (und zwei weiteren) wird 1845 der »Ärztliche Verein« hervorgehen, in dem Hoffmann das Ressort Pathologische Anatomie und Kollege Fabricius den Vorsitz innehat. Heinrich Hoffmann berichtet in seinen Lebenserinnerungen von »geselligen Nachtessen, wo wir auch die Angelegenheiten unserer Klinik besprachen und überdem in recht jugendlich frohem Verkehr miteinander lebten. Im Sommer fanden höchst fröhliche Landpartien statt, in den Taunus, in das Lorsbacher Tal mit einem lustigen Spielabend in Hofheim, wo wir all unser Geld an einen von uns verloren, der dann aber die Gesamtkosten bezahlen mußte, und wo wir später, im Walde des Lorsbacher Tales gelagert, Goethes Elegien lasen. Ein anderer Ausflug führte uns nach Königstein, wo wir in der nördlichen Waldschlucht kalte Mittagstafel mit Champagner abhielten und dergleichen mehr. Es ging manchmal toll genug bei uns her. Es spukte immer noch ein Rest von studentischem Übermut in uns.«

Es ist in etwa die Zeit, da die beiden auch Vater werden: zuerst Fabricius, dem 1839 sein Sohn Philipp, dann Hoffmann, dem 1841 sein Sohn Carl geboren wird. Selbstverständlich bezieht der freundschaftliche Verkehr auch die Familien mit ein: Carl und Philipp sind Spielkameraden.

Was liegt da näher als die Versuchung, die Figuren, die Heinrich Hoffmann – zeichnend und reimend – für seinen kleinen Sohn erfindet, um diesem zu Weihnachten ein selbstverfertigtes Bilderbuch zum Geschenk machen zu können, mit dem Namen von dessen Spielgefährten auszustatten? Als er 1845 die Urfassung des »Struwwelpeters« mit zwei weiteren Bildergeschichten anreichert, darunter der von dem zappeligen Kerlchen, dessen ungebärdiges Verhalten bei Tisch die gesamte Familie um ihr Essen bringt, gibt er deren »Helden« keinen x-beliebigen, sondern den Namen des Söhnchens seines Arztkollegen und Freundes Fabricius. Der »Zappel-Philipp« ist geboren!

Daß spätere Forscher einen Schritt weiter gehen und aus dem bloßen »Taufpaten« ein hypernervöses Kind, ja sogar einen Epileptiker machen werden, ist ein Fall von Überinterpretation, der dem kerngesunden Philipp Fabricius nur ein müdes Lächeln entlocken kann. Und er beeilt sich, die Legende auf ihren wahren Kern zu reduzieren: die bloße – allerdings nicht zufällige, sondern sehr wohl bedachte – Namensgleichheit.

Könnte ähnliches auch auf die anderen Figuren des »Struwwelpeters« zutreffen: auf den Suppen-Kaspar, den bösen Friederich, den daumenlutschenden Konrad, den fliegenden Robert, den Hans-guck-in-die-Luft und den Struwwelpeter selbst?

Zumindest in einem Fall spricht alles dafür: Auch beim brennenden Paulinchen aus der »Gar traurigen Geschichte mit dem Feuerzeug« hat Heinrich Hoffmann, was den Namen der »Heldin« betrifft, aus der Wirklichkeit geschöpft, und zwar aus ebenderselben wie im Fall des Zappel-Philipps. Ein zweiter Kollege und Freund Heinrich Hoffmanns aus dem »Sextett« der Frankfurter Armenärzte ist der zweieinhalb Jahre ältere Adolf Schmidt, dem seine Frau Mathilde geb. Heyder am 27. Dezember 1840 ein Mädchen schenkt. Und dieses Mädchen, auf die

Namen Catharina Auguste Pauline getauft, wird in Bälde von allen »Paulinchen« gerufen werden ...

Hier haben die Interpreten späterer Jahre ein besonders leichtes Spiel: Pauline Schmidt stirbt noch im Kindesalter, und obwohl die Todesursache kein Brandunfall, sondern erwiesenermaßen Lungenschwindsucht ist und Heinrich Hoffmanns literarische Verewigung des Paulinchens bereits elf Jahre vor deren Ableben erfolgt, wird sich jahrzehntelang hartnäkkig die Legende halten, Urbild und Abbild seien eins: Auch das »wirkliche« Paulinchen habe leichtfertig mit Zündhölzern hantiert und sei daran zugrunde gegangen.

Davon, wie gesagt, kann keine Rede sein. Die Geschichte stimmt nur insoweit, als das »Modell« tatsächlich existiert und tatsächlich Pauline geheißen hat – nicht mehr, aber auch nicht weniger. Alles andere ist zeitgeschichtlich verbürgter Hintergrund und im übrigen Heinrich Hoffmanns Phantasie. Das einzige, was noch an weiterem Nahverhältnis denkbar wäre: Dr. Hoffmann, Spezialist für Nervenleiden (und später Autor einer eigenen Studie über »Seelenstörung und Epilepsie«), könnte die Tochter seines Kollegen Adolf Schmidt auch zur Patientin gehabt haben: Wie man inzwischen aus ihrer Krankengeschichte weiß, traten bei dem armen Kind mit vier Jahren epileptische Anfälle auf.

Was von dieser Pauline Schmidt klipp und klar überliefert ist, sind nicht viel mehr als ihre Lebensdaten: 27. Dezember 1840 bis 18. Juni 1856. Lungenschwindsucht, Darmgeschwüre und Epilepsie – so verrät der Obduktionsbefund – haben sie mit fünfzehneinhalb dahingerafft; von Brandwunden ist mit keinem Wort die Rede. Auch ihr Vater, selber ein renommierter Arzt (der sich allerdings mehr mit der Erforschung von Regenwurm und Bandwurm hervorgetan, als Mitglied der Senckenbergischen Naturforschenden Gesellschaft die Sektion Mollusken innegehabt und fünfundzwanzig Jahre lang den Frankfurter Mikroskopischen Verein geleitet hat), kann ihr nicht helfen. Der Kollege Dr. Hermann Brehmer in dem damals noch drei Tage von Frankfurt entfernten schlesischen Gebirgsort Görbersdorf, dem Dr. Adolf Schmidt seine Tuberkulosepatienten zur Kur schickt, wird erst lange nach Paulines Tod seine aufsehenerregenden Heilungserfolge erzielen. Noch gilt für die von der *Phthisis tuberculosa pulmo-*

Tafel I

Die Nachkommen
von
Catharina Getraude Schmidt geb. Heyder
* 1814 † 1899.

I) Schmidt Joh. Adolf Oscar * 3. 7. 1868 Frankfurt a. M. † 26. 10. 1869 Frankfurt a. M.	**Schmidt** Marie Mathilde **Helene** * 15. 2. 1871 Frankfurt a. M. ∞ 29. 9. 1896 Carl Ad. **Müller** Bayr. Staatsanwalt * 10. 7. 1866	**Schmidt** Auguste **Mathilde** * 4. 2. 1873 ∞ 9. 3. 1895 Dr. Hans **Pekrun** * 7. 1. 1864	**Schmidt** Joh. Friedr. Moritz * 26. 4. 1876 † 13. 11. 1878	**II) Schmidt** Joh. Fr. Moritz **Adolf** * 11. 11. 1882

Schmidt Joh. Georg Rudolf * 23. 10. 1836 Frankfurt a. M. ∞ I) 3. 8. 1867 Frankfurt a. M. Elis. Eleon. **de Neufville** * 5. 2. 1842 Frankfurt a. M. † 3. 6. 1880 Frankfurt a. M. ∞ II) Anna **Müller-Rohmer** * 5. 11. 1845 Magdeburg	**Schmidt** Joh. Friedr. **Moritz** Dr. med. Geh. San.-Rat Exzellenz * 15. 3. 1838 Frankfurt a. M. † 1909 ∞ 9. 11. 1863 Mathilde Friedr. **Metzler** * 15. 2. 1840 Frankfurt a. M.	**Schmidt** Cath. Aug. Pauline * 27. 12. 1840 Frankfurt a. M. † 18. 6. 1856 Frankfurt a. M.

Heyder
Mathilde
* 6. 2. 1814 Frankfurt a. M. † 17. 5. 1899 Frankfurt a. M.
∞ 5. 1. 1836 Frankfurt a. M.
Dr. med. Joh. Adolf **Schmidt**
* 6. 12. 1806 Frankfurt a. M. † 8. 12. 1889 Frankfurt a. M.

Schmidt

Die Stammtafel der Familie Schmidt

num Heimgesuchten das Schreckenswort vom »schlimmsten Würgeengel, der je das Menschengeschlecht heimgesucht« hat.

Als Pauline stirbt, sind ihre beiden Brüder – sie ist das jüngste der drei Kinder des Dr. Adolf Schmidt – achtzehn bzw. zwanzig. Das elende Dahinsiechen der Tochter könnte mit ein Grund für die Familie gewesen sein, auch die beiden Söhne in ärztliche Berufe zu drängen. Um sie auf ihre diesbezügliche Eignung zu testen, läßt Vater Schmidt sie (die Familie wohnt in der Großen Sandgasse 4) einer von ihm vorgenommenen Beinamputation als Zuschauer beiwohnen. Rudolf, der Ältere, kippt ohnmächtig um, nur Moritz steht das Experiment wacker durch. Er wird später – unter dem Namen Dr. Moritz Schmidt-Metzler – einer der ganz Großen seiner Zunft werden: Mit seiner Kehlkopfoperation an Kaiser Friedrich III. (1888) und der erfolgreichen Behandlung der Nasenpolypen Kaiser Wilhelms II. (1890) geht der »Hals-Schmidt« in die Ruhmeschronik der Laryngologie ein.

Aber auch in seinen Erinnerungen, die er im hohen Alter verfaßt hat, findet sich keinerlei Hinweis auf das Schicksal seiner zwei Jahre jüngeren Schwester – ganz zu schweigen von einem

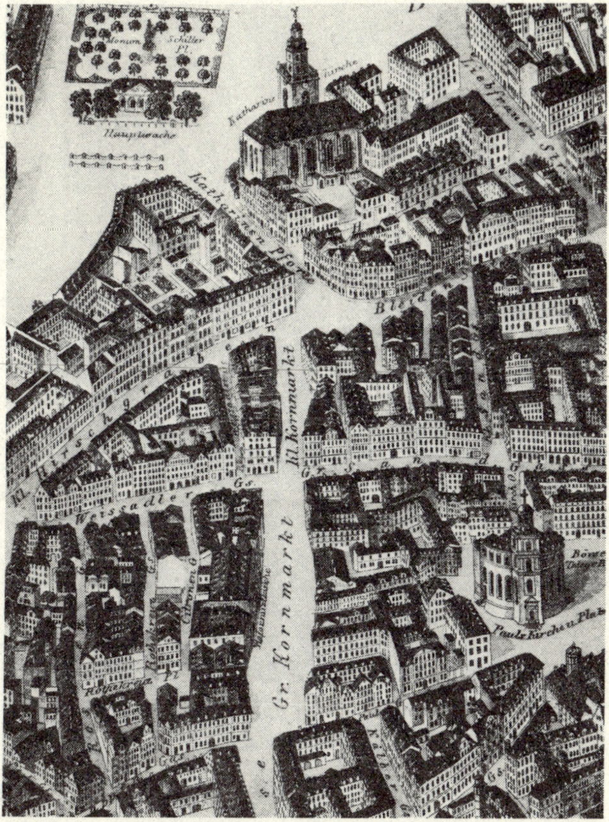

Die Innenstadt von Frankfurt am Main um 1864: In der Großen Sandgasse 4 wohnte die Familie Schmidt

Die Fotografie aus dem Jahre 1930
zeigt die Sandgasse – hier wuchs
Catharina Auguste Pauline Schmidt auf

Paulines älterer Bruder Moritz (1838-1907), Dr. Moritz Schmidt-Metzler, war in späteren Jahren eine Kapazität auf dem Gebiet der Laryngologie

Porträt, das sich von dieser Pauline Schmidt erhalten hätte (und darüber Aufschluß gäbe, wie weit Heinrich Hoffmann – wenn überhaupt – in seine Zeichnungen vom brennenden Paulinchen Gesichtszüge des »Originals« hat einfließen lassen). So anmutig und lebfrisch wie ihre Altersgenossin aus dem Frankfurter Hause Hertzog, die, um 1850 von dem Porträtzeichner W. H. Füssli mit Bleistift festgehalten, auf dem Umschlagbild des Katalogs der vom Historischen Museum Frankfurt am Main 1984 veranstalteten Ausstellung »Spielzeug und Kinderleben in Frankfurt« abgebildet ist, werden wir sie uns wohl kaum vorstellen dürfen: selbstvergessen ihrem Spiel mit Blümchen und Figürchen hingegeben. Gleichwohl wird sie dem Idealtyp des – so darf man vermuten – behüteten Kindes eher entsprochen haben als dem abschreckenden Beispiel der vorwitzigen Göre, die, die Warnungen der Hauskatzen Minz und Maunz schnöde in den Wind schlagend, nach dem verbotenen »Feuerzeug« langt, von der Puppe in der Hand abläßt, eines der Hölzchen entzündet und, kaum daß sie sich's versieht, in Flammen aufgeht, bei lebendigem Leib verbrennt und nur ein Häufchen Asche zurückläßt. Mit den Resten

Eine Frankfurter Altersgenossin
von Pauline Schmidt.
Bleistiftzeichnung von W. H. Füssli,
um 1850

ihres rüschenverzierten Kleides wischen sich die beiden Katzen die Tränen aus den Augen; die Schleifen, die eben noch Paulinchens langen Zopf geschmückt haben, tragen Minz und Maunz als Trauerflor am Schwanz.

Ein Thema der Zeit

Brandunfälle infolge leichtsinnigen Umgangs mit Zündhölzchen sind und bleiben ein Thema der Zeit: Zehn Jahre nach dem »Struwwelpeter« greift Heinrich Hoffmann es ein weiteres Mal auf – und nun noch um vieles drastischer: mit der in dem weniger populären Buch »Im Himmel und auf der Erde« enthaltenen Geschichte »Vom Fünklein, das spazierenging«. Hier geht – buchstäblich Stück um Stück: vom einsamen Hölzlein über den alten Sessel und den »dicken Schrank« bis zu »Hütte, Scheun' und Stall« – die ganze Stadt in Flammen auf. Ein Inferno, bei dem Autor Hoffmann an den großen Brand von Hamburg gedacht haben mag, der 1842, zum Schrecken der Welt, die halbe Stadt in Schutt und Asche gelegt hat. Auch Frankfurt hatte sich an der für den Wiederaufbau der Hansestadt veranstalteten Spendensammlung beteiligt – wohl wissend, das Unheil hätte ebensogut *sie* treffen können.

»Ein unversehens in Flammen gesetzter Vorhang, eine entzündete Rußanhäufung, ein Nichts setzt die ganze Stadt in Bewegung und

Nun ging es flott zusammen,
Der Sessel und der Schrank;
Die Stube stand in Flammen,
Der Tisch, die Tür, die Bank.

Es hört das Dach ganz oben
Den tollen Lärm im Haus.
Und spricht: »Was soll das Toben?
Ist das ein Hochzeitsschmaus?«

»Ihr spielt wohl gar Verstecken!
Da bin ich auch dabei!« –
Die Flammen steigen und lecken
Und toben in Lüften frei.

Szene aus Heinrich Hoffmanns Bildergeschichte »Vom Fünklein, das spazierenging«

wirkt wie eine Pulverexplosion«, schildert die Zeitschrift »Didaskalia« im Sommer 1844 einen Großbrand im Frankfurt des frühen 19. Jahrhunderts. »Kinder weinen, Weiber beben, Männer laufen, Wachen rufen, Wagen rennen, Laden und Türen werden geschlossen, man schießt, Hörner erschallen, die fünfundneunzig Trommler der Stadtwehr durchkreuzen wirbelnd die Stadt. Jeder Trommler folgt dabei seiner eigenen Eingebung. Aus der chaotischen Masse der zusammenwogenden Gaffer und Schaffer entwirrt sich tobend der Kampf gegen den glühenden Feind.«

Noch dramatischer nehmen sich die Berichte über den Frankfurter Dombrand vom August 1867 aus; Heinrich Hoffmann übergeht das Ereignis in seiner Autobiographie nur deshalb, weil ihn kurz darauf eine familiäre Tragödie heimsucht, die für eine Weile alles andere, selbst eine Katastrophe von solchen Graden, in den Hintergrund treten läßt: Carl, sein Erstgeborener, für den er vor vierundzwanzig Jahren den »Struwwelpeter« aufgezeichnet hat, stirbt mit siebenundzwanzig als Opfer einer Gelbfieberepidemie im fernen Peru, wo sich der junge Abenteurer als Exportkaufmann niedergelassen hatte.

Der Frankfurter Dombrand im August 1867

Das kleine Mädchen mit den Schwefelhölzchen.

Es war entsetzlich kalt; es schneite und war beinahe schon ganz dunkel und Abend, der letzte Abend des Jahres.

In dieser Kälte und Finsterniß ging auf der Straße ein kleines, armes Mädchen, mit bloßem Kopfe und nackten Füßen. Als sie das Haus verließ, hatte sie freilich Pantoffeln angehabt: aber was half das? Es waren sehr große Pantoffeln gewesen, die ihre Mutter bisher benutzt hatte, so groß waren sie. Die Kleine aber verlor dieselben, als sie über die Straße weg huschte, weil zwei Wagen schrecklich schnell vorüberrollten. Der eine Pantoffel war nicht wieder zu finden, den andern hatte ein Junge erwischt und lief damit fort;

Hans Christian Andersens »Kleines Mädchen mit den Schwefelhölzern« in der deutschen Ausgabe von 1850, illustriert von Vilhelm Pedersen

Etwa zur selben Zeit, da in Deutschland »Die gar traurige Geschichte mit dem Feuerzeug« entsteht, schreibt ein Dichter von Weltrang 800 Kilometer weiter nördlich rund um das nämliche Requisit eine noch traurigere Story: »Das kleine Mädchen mit den Schwefelhölzchen«. Doch in Hans Christian Andersens Kindermärchen, dessen Fabel ebenfalls letal ausgeht, stirbt die Titelfigur nicht den Verbrennungs-, sondern umgekehrt den Erfrierungstod. Niemand kauft ihr ihre Schwefelhölzchen ab, die sie da an einem bitterkalten Wintertag auf offener Straße feilhält. Also bedient sie sich ihrer, um sich damit wenigstens ein bißchen Wärme zu verschaffen. Doch dafür reicht's nicht aus, und so findet man sie anderntags »im Winkel an die Mauer gelehnt, erfroren an des alten Jahres letztem Abend«.

Verboten! Verboten!

Wie es um das Leben der Kinder im Frankfurt jener Jahre bestellt ist, da Heinrich Hoffmann die »Gar traurige Geschichte mit dem Feuerzeug« ersinnt, läßt sich aus Berichten ablesen, die einzelne dieser Kinder in späterer Zeit aus der Erinnerung aufzeichnen. Auch in gutbürgerlichen Häusern bleibt das Familienleben in der Regel aufs gemeinschaftliche Wohnzimmer beschränkt; die »gut' Stubb'« wird nur bei festlichen Anlässen benützt oder wenn Besuch angesagt ist. Von den Schlafkammern abgesehen, gibt es noch keine eigenen Kinder- oder gar Spielzimmer; fürs Herumtollen bleibt der Nachwuchs aufs Treppenhaus, auf den Garten, auf den Hof (wo sich zu dieser Zeit meist auch noch der Abort befindet) und auf die Straße angewiesen, der Dachboden ist den Knaben als Tummelplatz vorbehalten.

Für die wöchentliche Hygiene wird in gutsituierten Häusern die Badeanstalt »Zum roten Männchen« bemüht; zwei Männer rücken dann mit einer großen kupfernen Wanne an, füllen diese »mit unzähligen Fäßchen warmen Was-

Im Spielzimmer. Lithographie aus Bilderbögen der Zeit um 1860

sers«, leeren sie nach dem Gebrauch – selbstverständlich sämtliche Kinder in einem und demselben Badewasser! – wieder aus und sorgen auch für den Rücktransport.

Die Sparlampe zur Erledigung der Schulaufgaben wird erst in Betrieb gesetzt, wenn es richtig finster ist, und Kinder, die dabei ans andere Ende des Gemeinschaftstisches zu sitzen kommen, müssen sich wohl oder übel mit dem bißchen Lichtstrahl begnügen, der bis zu ihnen dringt.

Verpönt sind Spiegel: Man will keine eitlen Fratzen heranziehen. Das Musikzimmer bleibt auch im kältesten Winter ungeheizt: Das härtet ab. Katzen hält man der Mäuseplage wegen, nicht etwa als Spielgefährten für die Kleinen. Bratenfleisch kommt nur sonntags auf den Tisch, Naschmäuler müssen mit Äpfeln und Nüssen ihr Auslangen finden. Die Mädchen spielen mit ihrer Puppenküche, die Buben lassen Drachen steigen, bauen Schneemänner, üben sich mit Pfeil und Bogen. Wo immer der Blick der Halbwüchsigen hinfällt, trifft er auf imaginäre Verbotstafeln: Sich nicht an der neumodischen Erfindung des Zündholzes zu vergreifen, ist nur eines von unzähligen Tabus.

Eine hartnäckige Legende

Im alten Teil des Frankfurter Hauptfriedhofs geht's nobel zu. Die hier bestattet liegen, heißen Feuerbach und Böhmer, Diesterweg und Hess: der Freien Reichsstadt erste Garnitur. Darunter auch mancherlei Kulturprominenz: Namen wie Schopenhauer und Schlegel, wie Gutzkow und Beutler machen den Südwesttrakt im Winkel Eckenheimer Landstraße/Rat-Beil-Straße zu einer Art Ruhmeshain Alt-Frankfurts.

Um so mehr fällt unter all den Familienrüften und Ehrenmalen jenes schlichte Einzelgrab auf, dessen Inschrift sich auf die bloße Wiedergabe des Namens beschränkt – ohne allen Titelprunk, ohne jede Aufzählung von Verdiensten um Stadt und Land, um Nation und Menschheit, die ein ewiges Ruhen an diesem privilegierten Platz doch eigentlich erst rechtfertigen würden. Nun könnte es ein dermaßen brillanter, ein jedermann so vertrauter Name sein, daß sich derlei Erklärung erübrigt. Marianne von Willemer, deren Grab denselben Weg säumt, wäre ein solches Beispiel: Auch ohne alle Nachhilfe weiß jeder in der Literaturgeschichte einigermaßen

B A U V E R W A L T U N G
Friedhofs- und Bestattungsamt

Frankfurt/Main, 17.9.1963
Ta/Bu

An 604,51

Betr.: Grabstätte Schmidt (Paulinchen aus dem Struwwelpeter)
Hauptfriedhof Gewann C Nr. 148

Die obenbezeichnete Grabstätte wird lt. Rücksprache mit dem Amt für Kunst, Wissenschaft und Volksbildung von der Stadt Frankfurt am Main unterhalten.

Pauline Schmidts Grab wurde 1963 durch Magistratsbeschluß in städtische Obhut übernommen

Bewanderte: Goethes Suleika. Doch Pauline Schmidt? Wir, die wir der Genesis der »Gar traurigen Geschichte« nachgehen, wissen es schon: Es ist der Ort, an dem die Stadt Frankfurt dem Urbild des brennenden Paulinchens huldigt. Denn per Stadtratsbeschluß vom 17. September 1963 sind Unterhalt und Pflege der Grabstätte Nr. 148 Gewann C des Hauptfriedhofs in magistratische Verantwortung übergegangen. Von Privathand wird ihr höchstens ab und zu ein Blumensträußchen zuteil: Kinder, die sich die hartnäckig am Leben erhaltene Legende zu eigen machen, Pauline Schmidt habe Heinrich Hoffmanns Todeskandidatin nicht nur den Namen gegeben, sondern sei tatsächlich, wie dortselbst in aller Drastik geschildert, bei lebendigem Leib verbrannt.

Der Weg, nur wenige Schritte von der Friedhofsmauer entfernt, macht hier eine leichte Krümmung. Der Grabhügel ist mit Efeu bepflanzt, das einfache Sandsteinkreuz zart bemoost, seine Gravur verwittert. Nur bei näherem Hinsehen läßt sich die Inschrift entziffern: Pauline Schmidt, 1840-1856, dazu der Sinnspruch »Ich wecke dich zur rechten Zeit / zur ewigen, ewigen Himmelsfreud«. Ursprünglich

Paulines Grab im alten Teil
des Frankfurter Hauptfriedhofs,
Gewann C, Nr. 148

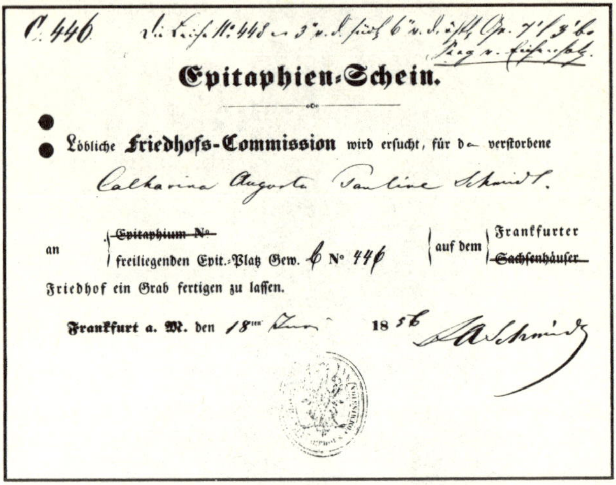

C. 446

Epitaphien-Schein.

Löbliche **Friedhofs-Commission** wird ersucht, für d. verstorbene

Catharina Auguste Pauline Schmidt.

an ~~Epitaphium N°~~ / freiliegenden Epit.-Platz Gew. C N° 446 auf dem Frankfurter / ~~Sachsenhäuser~~

Friedhof ein Grab fertigen zu lassen.

Frankfurt a. M. den 18ten ... 1856

Paulines »Epitaphien-Schein«

aus weißem Marmor gefertigt – der am 16. Juni 1856 der »löblichen Friedhofscommission« eingereichte »Epitaphien-Schein« erwähnt außerdem einen »Sarg von Eichenholz« –, ist das nach dem Zweiten Weltkrieg demolierte Grabkreuz im Jahr 1966 durch eine Nachbildung aus rotem Sandstein ersetzt worden, und auch an ihr nagt schon wieder der Zahn der Zeit.

Nur der Legende vom Flammentod der hierorts Bestatteten kann kein noch so gründlich untermauertes Dementi etwas anhaben: Obwohl Totenschein und Obduktionsbefund unerschütterlich belegen, daß das »Frl. Catharina Auguste Schmidt« in der vierten Morgenstunde des 18. Juni 1856 (also obendrein elf Jahre nach Heinrich Hoffmanns Niederschrift der »Gar traurigen Geschichte mit dem Feuerzeug«) an der Lungenschwindsucht und nichts anderem gestorben ist, beharrt der Frankfurter Friedhofshistoriker Paul Bierwirth unter Hinweis auf seine einschlägigen Publikationen (2200 Grabstätten hat er im Lauf seiner Tätigkeit minutiös katalogisiert) auf der Brandunglücksversion, 1968 läßt er sich auf einen lustvoll von den Medien ausgeschlachteten Kleinkrieg mit dem Friedhofs- und Bestattungsamt ein, und die von

Das brennende Paulinchen als Brunnenfigur an der Frankfurter Hauptwache

Paulinchen-Souvenirs aus dem Bestand des Heinrich-Hoffmann-Museums in Frankfurt am Main

Amts wegen lokalpatriotischen Kollegen vom Presse- und Informationsamt der Stadt Frankfurt leisten ihm wider besseres Wissen Schützenhilfe, indem sie noch 1977 in einem »Sonderdienst« für die Besucher der Buchmesse für Verbreitung der längst widerlegten Fama sorgen. Der von der Bildhauerin Franziska Lenz-Gerhart entworfene und 1985 bei der Hauptwache errichtete Struwwelpeter-Brunnen mit der Bronzefigur des brennenden Paulinchens, die Paulinchen-Souvenirs aus Zinnfiguren, Spielkarten, Laterna-magica-Platten und Schokoladeschachteln, die das Heinrich-Hoffmann-Museum in der Schubertstraße im Westend, und die tausenderlei Buchausgaben, die das konkurrierende Struwwelpeter-Museum in der City (in der Hochstraße) für ihre Besucher bereithalten, sind ihnen nicht genug an sichtbaren Memorabilien für den anhaltenden Strom sensationslüsterner Literaturtouristen: Auch deren *nekrophilem* Verlangen soll entsprochen werden. Und so werden wohl auch in Hinkunft in der Phantasie vieler Besucher aus dem Grab in der Südostecke des Frankfurter Hauptfriedhofs die Flammen schlagen: »Es brennt die Hand, es brennt das Haar, es brennt das ganze Kind sogar.«

Fahrlässige Tötung durch Unterlassen

Noch weiter – und erst recht in die Irre – gehen jene neueren Interpretationen auf akademischer Ebene, die aus dem »Struwwelpeter«-Autor Heinrich Hoffmann einen verkappten Lustmolch und aus dem Paulinchen ein geiles kleines Luder machen wollen, dessen »aufreizendes Tänzeln in Spitzenbeinkleidern« auf »erotisches Feuer« weise, für das die Zündhölzchen nur ein verharmlosendes Symbol seien. Die »Gar traurige Geschichte mit dem Feuerzeug« als spätbiedermeierliche »Lolita« – das kann wohl nur den Hirnen frustrierter Pseudo-Psychologen entspringen, denen nach und nach der Stoff fürs Ausleben ihrer antibürgerlichen Affekte ausgeht.

Da ist der Versuch des rheinländischen Verwaltungsjuristen Jörg-Michael Günther, den »Struwwelpeter« (und also auch den »Fall Paulinchen«) in Form eines juridischen Gutachtens auf seine strafrechtlichen Aspekte hin zu untersuchen, zumindest amüsant. In seinem Buch »Der Fall Struwwelpeter« kommt der Autor zu dem Schluß, die Eltern des Paulinchens hätten

Kapitel III: Die gar traurige Geschichte mit dem Feuerzeug

Strafbarkeit von Paulinchens Eltern

Das Alleinlassen von Paulinchen mit den Zündhölzern

1) Fahrlässige Tötung durch Unterlassen, §§ 222, 13 StGB

Die Eltern von Paulinchen könnten sich der fahrlässigen Tötung ihres Kindes strafbar gemacht haben, weil sie die Zündhölzer für Paulinchen erreichbar auf die Kommode stellten bzw. es unterließen, die Zündhölzer vor kindlichem Zugriff sicher zu deponieren.[103] In jedem Fall hat ihr Verhalten den Tod von Paulinchen (mit-)verursacht. Ob der Strafbarkeitsvorwurf an die Eltern hier beim Handeln oder Unterlassen anzusetzen ist[104], kann verschieden gesehen werden. Maßgeblich dürfte sein, wo im Fall von Paulinchens Tod der »Schwerpunkt« der Vorwerfbarkeit[105] [106] zu sehen ist.

Der Hauptvorwurf an die Eltern dürfte beim Unterlassen gebotener Sicherheitsmaßnahmen gegen mißbräuchliche Verwendung der Zündhölzer liegen. Das Hinstellen der Zündhölzer war nämlich »an sich« strafrechtlich ohne Belang; strafrechtlich bedeutsam wurde es erst dadurch, weil die Eltern von Paulinchen es unterließen, bei Zurücklassung von Paulinchen die Zündhölzer an einen sicheren Ort zu bringen. Immerhin waren die »Schwefelhölzchen erst seit 1829 auf dem Markt. Von den einen als ›Emanzipationsmittel‹ der Frauen begrüßt, das die ständige Überwachung des Herdfeuers überflüssig machte, stellten die Schwefelhölzer andererseits eine große Gefahr dar, besonders wenn der Umgang mit

---

103 vgl. hierzu etwa nur § 10 Abs.1 Satz 2 der Bayrischen Landesverordnung über die Verhütung von Branden (LVVB) vom 19.4.1966 (GVBl., 162); hiernach sind Zündhölzer und andere Feuerzeuge so zu verwahren, daß sie »Kindern unter zwölf Jahren nicht ohne weiteres zugänglich sind«; siehe auch Oehler-Wagner-Börner, Brandverhütung-Feuerungsanlagen-Sprengstofflagerung, 2.Aufl., § 10 LVVB Anm.4

104 vgl. zu dem Problem den berühmten Ziegenhaarfall des RG (RGZ 63, 211)

105 vgl. BGHSt. 6,59; Schönke-Stree vor § 13 StGB Rn.158

106 dagegen mit Vehemenz Roxin u.a., Strafrechtliche Klausurenlehre, S.128 ff. (Der tropenkranke Forscher)

Der »Fall Paulinchen« in strafrechtlicher Hinsicht: Eine Expertise von Jörg-Michael Günther

sich nach heute geltendem Recht eindeutig des Delikts der fahrlässigen Tötung durch Unterlassen schuldig gemacht, weil sie im Wissen um deren Gefährlichkeit nicht die nötigen Vorkehrungen getroffen hätten, »die Inbesitznahme von Zündhölzern durch Kinder unter zwölf Jahren zu verhindern«. Besonders schwer lastet der Autor ihnen an, »daß sie die starke Neigung ihres Paulinchens zum Zündeln kannten«, hatten sie doch schon vor dem Brandtod ihres Kindes dieses mehrfach gewarnt: »Die Mutter hat's verboten! Miau! Mio! Miau! Mio! Der Vater hat's verboten! Miau! Mio! Miau! Mio!« Dennoch haben sie »jegliche Schutzmaßnahmen unterlassen«, müssen sich also »neben der moralischen auch ihrer strafrechtlichen Verantwortung stellen«.

Und Paulinchen selber? Abgesehen davon, daß sie »als Tote ohnehin nicht mehr dem irdischen Recht unterliegt«, wäre sie weder wegen fahrlässiger Brandstiftung noch wegen Sachbeschädigung zu belangen. Bleibt noch der zivilrechtliche Aspekt des Falles: Wie ist über die Hinterlassenschaft der Verblichenen zu verfügen? Hier kann unser Gutachter mit einem besonders weisen Plädoyer brillieren:

»Verbrannt ist alles ganz und gar, / das arme Kind mit Haut und Haar; / ein Häuflein Asche blieb allein, / und beide Schuh, so hübsch und fein.« Paulinchens »Vermögen«, so Jörg-Michael Günther, »besteht also im wesentlichen aus ihren hübschen und feinen Schuhen. Da die Eltern nach § 1925 Abs. 2 BGB zu gleichen Teilen erben, würde sich nach der Natur des vererbten Gegenstandes bei einer gütlichen Erbauseinandersetzung eine Teilung des Schuhpaares in zwei einzelne Schuhe – jeweils an einen Elternteil – anbieten.«

Ein letzter Exkurs zum Thema »Was blieb von Paulinchen?« führt uns in die deutsche Schwerindustrie, genauer: in das heute zur Hoechst AG gehörende Stickstoffdüngerwerk Knapsack im Südwesten von Köln. Es ist gegen Ende der dreißiger Jahre, einer der leitenden Chemiker des Unternehmens führt seinen kleinen Sohn durchs Werk. Als man bei einer der Karbidofenanlagen vorüberkommt, aus deren Schlot die riesige Kohlenmonoxydflamme in den Himmel lodert, ruft der Bub, noch ganz unter dem Eindruck der Struwwelpeter-Geschichten stehend, die ihm am Tag davor die Mutter vorgelesen hat, spontan aus: »Sieh mal,

Paulinchens Einzug in die Schwerindustrie: Embleme der Knapsacker Karbidofenanlage

Papa, dort oben brennt Paulinchen!« Der Vorfall macht im Werk die Runde – und von Stund an hat die »ewige« Flamme der Knapsacker Karbidöfen ihren Namen: Paulinchen.

Ja, es geht noch weiter: Das Paulinchen, von Graphikerhand flugs in die Fabriksilhouette eingefügt und zum Emblem stilisiert, wird zu einer stehenden Figur der Knapsacker Werkszeitung, durch deren Mund die Betriebsleitung fortan regelmäßig zur Belegschaft spricht. Unter dem Titel »Rund ums Paulinchen« breitet die Chefetage alles, was sie auf dem Herzen hat, vor der »lieben Werksfamilie« aus: Neuerungen und Pläne, Freuden und Sorgen. Und alles in einem heiter familiären Ton, mit einem »glühend heißen Flammenkuß« als Grußformel. Wen kann es da wundern, daß bei den Treffen ehemaliger Belegschaftsmitglieder noch immer, obwohl die Flammen der Karbidöfen nun schon seit vielen Jahren zu brennen aufgehört haben, »Paulinchen« ein häufig gehörtes Stichwort ist? Nostalgie aus Kindermund.

Das Fortleben des brennenden Paulinchens bleibt also durchaus nicht auf jene Großmütter beschränkt, die »Die gar traurige Geschichte mit dem Feuerzeug« noch auswendig aufsagen können und sich durch nichts davon abhalten lassen, sie an eine elektronisch orientierte Enkelgeneration weiterzugeben, für die sich Zündhölzer längst zu einem Synonym für vorsintflutliche Haushaltsführung reduziert haben.

Literatur

Fritz Althammer: Das Grab des Paulinchens aus dem Struwwelpeter? Typoskript. Frankfurt am Main o. J.

Hans Christian Andersen: Sämtliche Märchen. Mit Illustrationen von Vilhelm Pedersen. Leipzig 1850

Paul Bierwirth: Geschichte des Hauptfriedhofes zum 100jährigen Bestehen. Frankfurt am Main 1928

Frankfurt – Lebendige Stadt. Vierteljahreshefte für Kultur, Wirtschaft und Verkehr. Frankfurt am Main 1958

Die Gartenlaube. Berlin 1893

Dietmar Grieser: Die kleinen Helden. München 1987

Dietmar Grieser: Im Tiergarten der Weltliteratur. München 1991

Jörg-Michael Günther: Der Fall Struwwelpeter. Frankfurt am Main 1989

Heinrich Hoffmann: Der Struwwelpeter oder lustige Geschichten und drollige Bilder. Original-Manuskript in der Stadt- und Universitätsbibliothek Frankfurt am Main

Heinrich Hoffmann: Im Himmel und auf der Erde. Herzliches und Scherzliches aus der Kinderwelt. Frankfurt am Main 1985

Heinrich Hoffmann: Lebens-Erinnerungen. Frankfurt am Main 1985

Jahresbericht über die Verwaltung des Medicinalwesens, die Kranken-Anstalten und die öffentlichen Gesundheitsverhältnisse der Freien Stadt Frankfurt, herausgegeben vom Ärztlichen Verein. Frankfurt am Main 1859

Wladimir Jettel: Die Zündwaaren-Fabrikation in ihrer gegenwärtigen Ausbildung. Braunschweig 1871

Wilhelm Kallmorgen: Siebenhundert Jahre Heilkunde in Frankfurt am Main. Frankfurt am Main 1936

Spielzeug und Kinderleben in Frankfurt 1750-1930. Herausgegeben vom Historischen Museum Frankfurt. Frankfurt am Main 1984

Der Struwwelpeter / Entstehung eines berühmten deutschen Kinderbuchs. Herausgegeben vom Heinrich-Hoffmann-Museum. Frankfurt am Main 1983

Bildnachweis

Heinrich-Hoffmann-Museum, Frankfurt am Main: S. 19; 39; 47; 71, Foto: Uwe Detmar

Historisches Museum der Stadt Frankfurt am Main: S. 50; 51; 53; 58; 62; 65; 67

Insel Verlag Frankfurt am Main und Leipzig: Umschlag; S. 5; 31; 36/37; 56, aus: Heinrich Hoffmann, Der Struwwelpeter oder Lustige Geschichten und drollige Bilder. 24 farbige Tafeln, Faksimiledruck nach den ersten Ausgaben, Insel Verlag Frankfurt am Main 1987

Knapsack-Griesheim AG, Köln: S. 77

Stadt Frankfurt am Main, Friedhofs- und Bestattungsamt: S. 68

Stadtarchiv, Frankfurt am Main: S. 49, Ausschnitt aus dem Delleskamp-Plan von 1864

Stadt- und Universitätsbibliothek, Frankfurt am Main (Sammlung Frankfurt): S. 14; 15, aus: Wladimir Zettel, Zündwarenfabrikation, Braunschweig 1871; 17, aus: Frankfurter Beobachter Nr. 10, 6. Dezember 1846; 18, aus: Ärztlicher Verein, Jahresbericht über die Verwaltung des Medicinalwesens der Freien Stadt Frankfurt, Erster Jahrgang 1857; 23, aus: Turner, The Lily, London 1820; 59, aus: Hans Christian Andersen, Kleines Mädchen mit den Schwefelhölzern, illustriert von Vilhelm Pedersen, 1850; 74, aus: Jörg Michael Günther. Der Fall Paulinchen in strafrechtlicher Hinsicht, Frankfurt am Main 1989

Technisches Museum, Wien: S. 10, Foto: Uta Köstler

E. Wiener, Frankfurt am Main: S. 70

Kinder- und Bilderbücher im insel taschenbuch

Richard Adams: Die Reise der beiden Tiger. Eine Geschichte von Richard Adams mit Bildern von Nicola Bayley. Ins Deutsche gebracht von Elisabeth Borchers. it 493

Allerleirauh. Viele schöne Kinderreime versammelt von H. M. Enzensberger. it 115

H. C. Artmann / Barbara Wehr: Christopher und Peregrin und was weiter geschah. Ein Bären-Roman in drei Kapiteln zu Bildern von George Martyn. it 488

Monika Beisner: Das Adreßbuch für Kinder. Mit Bildern und ausgewählten Geschichten, Gedichten und Rätseln von Monika Beisner. it 294

– Das Buch der hundert Rätsel. it 2019

– Das Sternbilder-Buch. Bilder von Monika Beisner. Nacherzählt von Ingrid Westerhoff. it 587

Monika Beisner / Alison Lurie: Vom wundersamen Einhorn und anderen Fabeltieren. Mit Bildern von Monika Beisner zu Geschichten von Alison Lurie. Aus dem Amerikanischen von Ingrid Westerhoff. it 2007

Ivan Bilibin / Alexander Puschkin / Elisabeth Borchers: Das Märchen vom herrlichen Falken und andere russische Märchen mit Illustrationen von Ivan Bilibin. Nacherzählt von Elisabeth Borchers. it 487

– Das Märchen vom Zaren Saltan. Das Märchen vom goldenen Hahn. Nacherzählt von Elisabeth Borchers. Mit Illustrationen von Ivan Bilibin. it 2002

– Wassilissa die Wunderschöne und andere russische Märchen. Das Märchen vom herrlichen Falken. Mit Illustrationen von Ivan Bilibin. Nacherzählt von Elisabeth Borchers. it 2020

Elisabeth Borchers: Briefe an Sarah. Text von Elisabeth Borchers. Bilder von Wilhelm Schlote. it 568

– Heute wünsch ich mir ein Nilpferd. Bilder von Wilhelm Schlote mit einer Geschichte von Elisabeth Borchers. it 629

– Der König der Tiere und seine Freunde. Bilder von Louise Brierley mit einer Geschichte von Elisabeth Borchers. it 622

– Das Geburtstagsbuch für Kinder. Geschmückt mit Bildern von László Varvasovszky und Versen von Elisabeth Borchers. it 664

Wilhelm Busch: Sämtliche Bilderbogen. Mit einem Nachwort von Gert Ueding. it 620

Lewis Carroll: Alice hinter den Spiegeln. Mit einundfünfzig Illustrationen von John Tenniel. Übersetzt von Christian Enzensberger. it 97

159/1/8.91

Kinder- und Bilderbücher
im insel taschenbuch

Lewis Carroll: Alice im Wunderland. Mit zweiundvierzig Illustrationen von John Tenniel. Übersetzt und mit einem Nachwort von Christian Enzensberger. it 42

– Briefe an kleine Mädchen. Herausgegeben und übersetzt von Klaus Reichert. Erweiterte Ausgabe mit dreißig Fotografien des Autors. it 172

– Geschichten mit Knoten. Eine Sammlung mathematischer Rätsel. Herausgegeben und übersetzt von Walter E. Richartz. Mit Illustrationen von Arthur B. Frost. it 302

– Die Jagd nach dem Schnark. Übersetzt und ausgeleitet von Klaus Reichert. Mit Illustrationen von Henry Holiday. it 598

Chinesische Abende. Märchen und Geschichten aus dem alten China. Gemeinsam mit Tsou Ping Shon aus der Ursprache übersetzt von Leo Greiner. Mit zehn Lithographien von Emil Orlik. it 1339

Collodi: Pinocchios Abenteuer. Aus dem Italienischen von Nino Erné. Mit farbigen Bildern von Sabine Friedrichson. it 1047

Emanuel Eckardt: Der Mops von Bornholm. Die Wahrheit über Morten, den einzigen Mops, der ein großer Sänger war. Eine Bildergeschichte von Emanuel Eckardt. it 866

Günter Eich: Der 29. Februar. Ein Märchen. Mit Bildern von Edda Köchl. it 616

Elisabeth Borchers: Ein Fisch mit Namen Fasch und andere Gedichte und Geschichten von Menschen und anderen Menschen. Zusammengestellt von Elisabeth Borchers. it 222

Dick Gackenbach: Theo und Leo. Eine Weihnachtsgeschichte. Vierfarbendruck. it 2017

– Was ist bloß mit Theo los? Aus dem Amerikanischen von Friederun Meyer-Jürshof. it 2015

Wilson Gage: Mathilde und die Krähe. Eine Geschichte von Wilson Gage mit Bildern von Marylin Hafner. Aus dem Amerikanischen von Friederun Meyer-Jürshof. it 2030

Robert Gernhardt / Almut Gernhardt: Feder Franz sucht Feder Frieda. Eine Geschichte von Robert Gernhardt zu Bildern von Almut Gernhardt. it 2028

– Ein gutes Schwein bleibt nicht allein. 7 Geschichten von Robert Gernhardt und 66 Bilder von Almut Gernhardt. it 2012

– Mit dir sind wir vier. 29 Bilder von Almut Gernhardt mit 28 Geschichten von Robert Gernhardt. it 2003

– Was für ein Tag. Eine Geschichte von Robert Gernhardt. Mit Bildern von Almut Gernhardt. it 544

159/2/8.91

Kinder- und Bilderbücher im insel taschenbuch

Robert Gernhardt / Almut Gernhardt: Der Weg durch die Wand. 13 abenteuerliche Geschichten von Robert Gernhardt zu Bildern von Almut Gernhardt. it 2010

Elisabeth Borchers: Das große LALULA und andere Gedichte und Geschichten von morgens bis abends für Kinder. Zusammengestellt von Elisabeth Borchers. it 91

Anne Heseler: Das liebe lange Jahr. Mit Bildern und allerlei Versen. it 2008

Hermann Hesse: Die Stadt. Ein Märchen, ins Bild gebracht von Walter Schmögner. it 236

James Joyce: Die Katze und der Teufel. Eine Geschichte von James Joyce. Deutsche Übertragung von Fritz Senn. Mit Bildern von Richard Erdoes. Vierfarbendruck. it 2024

August Kopisch: Die Heinzelmännchen zu Köln. Mit farbigen Illustrationen von Rolf Köhler und einer Nachbemerkung von Heinrich Pleticha. it 2025

Lesebuch für Kinder. Ausgewählt von Elisabeth Borchers. it 999

Der Löwe und die Maus. Und andere große und kleine Tiere in Fabeln, Geschichten und Bildern, ausgewählt von Anne M. Rotenberg. it 187

Rainer Malkowski / Rolf Köhler: Die Nase. Für Kinder erzählt nach Nicolai Gogol von Rainer Malkowski. Mit Illustrationen von Rolf Köhler. it 549

Friederike Mayröcker / Theodor Eberle: Sinclair Sofokles der Baby-Saurier. Eine Geschichte von Friederike Mayröcker mit Bildern von Theodor Eberle. it 652

Miris: Leben und Taten des Herkules. In Reime gebracht von Miris. Mit Illustrationen von Fritz Steub. Herausgegeben von Karl Riha. it 957

Guillermo Mordillo: Crazy Cowboy. it 2004

– Crazy crazy. Das Dschungelbuch. it 2009

– Das Giraffenbuch. Cartoons. it 37

– Das Giraffenbuch 2. Cartoons. it 71

– Mordillos Träumereien. Und andere wunderliche Geschichten. it 108

Christian Morgenstern / Anne Heseler: Schnauz und Miez. Verse von Christian Morgenstern mit Bildern von Anne Heseler. it 2006

Mutter Gans oder Die alten Ammenreime. Mit Bildern von Kate Greenaway. Ins Deutsche gebracht von Elisabeth Borchers. it 28

Willi der Bücherhamster. Ein Geschichte von Helmut Nachtigall mit Bildern von Alicia Sancha. it 2029

159/3/8.91

Kinder- und Bilderbücher
im insel taschenbuch

Neuester Orbis Pictus oder die Welt in Bildern für fromme Kinder. Nach der Ausgabe von 1838. Mit einer Vorbemerkung von Friedrich C. Heller und zwei Aufsätzen von Walter Benjamin. it 9

Hans Erich Nossack / Arturo Heras: Der König geht ins Kino. Eine Geschichte von Hans Erich Nossack mit Bildern von Arturo Heras. it 599

Ernst Penzoldt: Die Reise ins Bücherland und andere Märchen. Erzählt und illustriert von Ernst Penzoldt. it 2026

Das Poesiealbum. Verse zum Auf- und Abschreiben. Mit Bildern und Vignetten. Ausgewählt und zusammengestellt von Elisabeth Borchers. it 414

Jacques Prévert / Elsa Henriquez: Weihnachtsgäste. Ein Spiel zum Nachspielen. Eine Geschichte von Jacques Prévert mit Bildern von Elsa Henriquez. Aus dem Französischen von Elisabeth Borchers. it 577

Wilhelm Schlote: Das Elefantenbuch. it 78

– Wilhelm Adolf. Eine deutsche Nachkriegsgeschichte. Oder einfach: Jahrgang '46. Erzählt und gezeichnet von Wilhelm Schlote. it 1016

– Wilhelm Adolf II. Eine deutsche Nachkriegsgeschichte oder einfach: Jahrgang '46. Erzählt und gezeichnet von Wilhelm Schlote. it 1397

Walter Schmögner: Das Drachenbuch. it 10

– Das Guten Tag Buch. it 496

– Das unendliche Buch. it 40

Walter Schmögner / Friedrich C. Heller: Traumbuch für Kinder. Mit Texten von Friedrich C. Heller. it 2014

Friedrich Schnack: Klick aus dem Spielzeugladen. Roman für das große und kleine Volk. Mit farbigen Illustrationen von Rolf Köhler. it 2022

Elisabeth Borchers: Das sehr nützliche Merk-Buch für Geburtstage. Geschmückt mit Bildern von Anita Albus, Monika Beisner, Almut Gernhardt, Arturo Heras, Guillermo Mordillo, Wilhelm Schlote, Walter Schmögner u. a. mit ausgewählten Gedanken und »Acht oder neun weisen Worten übers Briefeschreiben« von Lewis Carroll. Zusammengetragen von Elisabeth Borchers. it 155

William Steig: Doktor De Soto. it 2021

Felix Timmermans: St. Nikolaus in Not. Aus dem Flämischen von Anna Valeton-Hoos. Mit farbigen Bildern von Else Wenz-Viëtor. it 2023

Jerko V. Tognola: Das Eselchen und der Wolf. Und andere Fabeln. Mit Bildern von Adelki. Aus dem Italienischen von Martin Roda Becher. it 2001

Hans Traxler: Es war einmal ein Mann. Geschichte und Bilder von Hans Traxler. it 454

159/4/8.91

Kinder- und Bilderbücher im insel taschenbuch

Hans Traxler: Es war einmal ein Schwein. it 780

– Fünf Hunde erben 1 Million. it 562

László Varvasovszky: Die Bremer Stadtmusikanten. Eine Geschichte, ein Märchen, ein Schattentheater. it 658

– Der große Zauberer und der kleine Hase. Eine Bildergeschichte ohne Worte. it 2027

– Das Schneebärenbuch. Mit dem »Kleinsten Schneebären-Buch der Welt« zum Selbermachen. it 381

Der versiegelte Engel. Erzählungen zu Ikonen. Mit farbigen Abbildungen. Ausgewählt und mit einem Nachwort versehen von Angela Martini-Wonde. it 1132

Das Weihnachtsbuch für Kinder. Mit Geschichten, Gedichten und Bildern. Ausgewählt von Elisabeth Borchers. it 156

159/5/8.91

Kulturgeschichte
im insel taschenbuch

Jost Amman: Frauentrachtenbuch. Mit kolorierten Holzschnitten der Erstausgabe von 1586 und einem Nachwort von Manfred Lemmer. it 717

Ernst Batta: Römische Paläste und Villen. Annäherung an eine Stadt. Mit zahlreichen Abbildungen. it 1324

– Obelisken. Ägyptische Obelisken und ihre Geschichte in Rom. Mit zahlreichen Abbildungen. it 765

Jean Anthèlme Brillat-Savarin: Physiologie des Geschmacks. Betrachtungen über das höhere Tafelvergnügen. Ausgewählt, übersetzt und eingeleitet von Emil Ludwig. Mit Holzschnitten der Ausgabe von 1864. it 423

Kai Brodersen: Die Sieben Weltwunder. Texte des Philon von Byzanz und anderen. Zweisprachige Ausgabe. Mit zahlreichen Abbildungen. it 1392

Egon Caesar Conte Corti: Geschichte des Rauchens. »Die trockene Trunkenheit«. Ursprung, Kampf und Triumph des Rauchens. Mit zahlreichen Abbildungen. it 904

Eugène Delacroix: Journal. Herausgegeben und mit einem Vorwort von Hans Platschek. Mit zahlreichen Abbildungen. it 1305

Feiern und Feste. Ein Lesebuch. Herausgegeben von Hans-Joachim Simm. it 738

Johann Conrad Friederich: Vierzig Jahre aus dem Leben eines Toten. Herausgegeben von Friedemann Berger. Mit einem Vorwort von Eckart Kleßmann. it 1292

Christian Garve: Über die Moden. Herausgegeben von Thomas Pitroff. Mit farbigen Illustrationen. it 989

Goethes Feste. Festliche Texte. Ausgewählt und mit einem Nachwort versehen von Uwe Hebekus. Mit zahlreichen Abbildungen. it 1325

Detlef Hoffmann: Gemalte Spielkarten. Ihre Geschichte an handgemalten Beispielen von Detlef Hoffmann. it 912

Freia Hoffmann: Musik und Körper. Die musizierende Frau in der bürgerlichen Kultur. it 1274

Christoph Wilhelm Hufeland: Makrobiotik oder die Kunst, das menschliche Leben zu verlängern. Mit einem Brief Immanuel Kants an den Autor sowie einem Nachwort von Rolf Brück. it 770

Max Jacob / Claude Valence: Spiegel der Astrologie. Mit zahlreichen Abbildungen. it 1288

Adolph von Knigge: Über den Umgang mit Menschen. Herausgegeben von Gert Ueding mit Illustrationen von Chodowiecki und anderen. it 273

166/1/8.91

Kulturgeschichte
im insel taschenbuch

Das Leben und Sterben der Kindsmörderin Susanna Margaretha Brandt. Nach den Prozeßakten dargestellt von Siegfried Birkner. it 1190

Das Lesebuch vom Studium. Studienerfahrungen vom 13. Jahrhundert bis heute. Herausgegeben von Vera Pagin. Zusammengestellt von Sabine Baumann, Stefan Burk, Rolf Faust und Susanne Haertel. it 1214

Dagmar Müller-Staats: Klagen über Dienstboten. Eine Untersuchung über Dienstboten und ihre Herrschaften. Mit zahlreichen Abbildungen. it 683

George Ordish: Geschichte eines Gartens. Vom 16. Jahrhundert bis zur Gegenwart. Aus dem Englischen von Matthias Müller. Mit Zeichnungen von Alison Claire Darke. it 1143

Salzburg. Ein Städte-Lesebuch. Herausgegeben von Adolf Haslinger. Mit zahlreichen Abbildungen. it 1326

Heinrich Schliemann: Troja und Homer. Porträt eines Enthusiasten. Nach Schliemanns Aufzeichnungen entworfen von Wieland Schmied. Mit zahlreichen Abbildungen. it 1295

Michael Schroeder: Kleine Wappenkunst. Mit farbigen Abbildungen. it 1281

Ewald Gerhard Seeliger: Handbuch des Schwindels. Mit einem Vorwort von Jürgen Lodemann und einem Nachwort von Max Heigl. it 919

Was wir gespielt haben. Erinnerungen an die Kinderzeit. Herausgegeben von Ingeborg Weber-Kellermann und Regine Falkenberg. Mit zahlreichen Abbildungen. it 1371

Wie ein Mann ein fromm Weib soll machen. Mittelalterliche Lehren über Ehe und Haushalt. Herausgegeben, ins Neuhochdeutsche übertragen und mit einem Nachwort versehen von Michael Dallapiazza. it 745

Wiener Adressen. Ein kulturhistorischer Wegweiser mit Straßenplänen und Fotos von Dietmar Grieser. it 1203

Das Wiener Kaffeehaus. Herausgegeben von Kurt J. Heering. it 1318

Gabrielle Wittkop-Ménardeau: Unsere Kleidung. Aus der Geschichte der Moden bis zum Jahr 1939. Mit zahlreichen Abbildungen. it 774

166/2/8.91

Großdruck
im insel taschenbuch

Tschingis Aitmatow: Dshamilja. Aus dem Russischen von Gisela Drohla. Mit einem Vorwort von Louis Aragon und Zeichnungen von Hans G. Schellenberger. it 2323

Jane Austen: Lady Susan. Ein Roman in Briefen. Aus dem Englischen von Angelika Beck. it 2331

F. M. Dostojewski: Helle Nächte. Ein empfindsamer Roman. Aus dem Russischen von Hermann Röhl. it 2328

Marguerite Duras: Der Vize-Konsul. Roman. Deutsch von W. M. Guggenheimer. it 2312

Gustave Flaubert: Ein schlichtes Herz und andere Erzählungen. Aus dem Französischen von Cora van Kleffens und André Stoll. it 2314

Theodor Fontane: L'Adultera. it 2329

Max Frisch: Erzählungen des Anatol Ludwig Stiller. Mit einem Nachwort von Walter Jens. it 2304

Johann Wolfgang von Goethe: Novelle. Mit Federzeichnungen von Max Liebermann und einem Nachwort von Paul Stöcklein. it 2301

Hermann Hesse: Mit der Reife wird man immer jünger. Betrachtungen und Gedichte über das Alter. Herausgegeben von Volker Michels. it 2311

Wolfgang Hildesheimer: Lieblose Legenden. Mit Zeichnungen von Paul Flora. it 2305

E. T. A. Hoffmann: Der unheimliche Gast. Mit farbigen Illustrationen von Monika Wurmdobler. it 2302

Ricarda Huch: Der letzte Sommer. Eine Erzählung in Briefen. it 2315

André Kaminski: Nächstes Jahr in Jerusalem. Roman. it 2334

– Der Sieg über die Schwerkraft und andere Geschichten. it 2319

Marie Luise Kaschnitz: Elf Liebesgeschichten. Ausgewählt von Elisabeth Borchers. it 2306

Heinrich von Kleist: Die Marquise von O... it 2307

Katherine Mansfield: Der Mann ohne Temperament und andere Erzählungen. Aus dem Englischen von Heide Steiner. it 2325

Eduard Mörike: Mozart auf der Reise nach Prag. Novelle. Mit Illustrationen von Gunter Böhmer. it 2320

Adolf Muschg: Ein ungetreuer Prokurist und andere Erzählungen. it 2326

Hans Erich Nossack: Das kennt man. Erzählung. it 2330

Ernst Penzoldt: Der dankbare Patient. Mit Illustrationen des Autors. it 2310

170/1/9.91

Großdruck
im insel taschenbuch

Edgar Allan Poe: Der entwendete Brief und andere Erzählungen. Ausgewählt von Franz-Heinrich Hackel. Aus dem Amerikanischen von Werner Beyer u. a. Mit Holzschnitten von Fritz Eichenberg. it 2309

Reinhold Schneider: Verhüllter Tag. it 2322

Scholem Alejchem: Eine Hochzeit ohne Musikanten. Erzählungen. Aus dem Jiddischen von Alexander Eliasberg und Fega Frisch. Mit 16 Zeichungen von Ben Shahn. it 2316

Theodor Storm: Der Schimmelreiter. Mit Zeichnungen von Hans Mau und einem Nachwort von Gottfried Honnefelder. it 2318

Felix Timmermans: Das Brevier für Liebende und andere Erzählungen. Aus dem Flämischen von Peter Mertens und Anna Valeton-Hoos. Mit Zeichnungen des Autors. it 2321

Leo N. Tolstoj: Die Kreutzersonate. Erzählung. Aus dem Russischen von Arthur Luther. Mit Illustrationen von Hugo Steiner-Prag. it 2303

Tschuang-Tse: Reden und Gleichnisse des Tschuang-Tse. Ausgewählt und mit einem Nachwort versehen von Martin Buber. it 2317

Iwan Turgenjew: Erste Liebe. Aus dem Russischen von Ena von Baer. it 2324

Mark Twain: Der gestohlene weiße Elefant und andere Erzählungen. Ausgewählt von Franz- Heinrich Hackel und Norbert Kohl. Mit zahlreichen Abbildungen. it 2308

170/2/9.91